Créditos de publicación

Dona Herweck Rice, *Jefa de redacción*
Lee Aucoin, *Directora creativa*
Conni Medina, M.A.Ed., *Directora editorial*
Kristy Stark, M.A.Ed., *Editora principal*
Torrey Maloof, *Editora*
Caroline Gasca, M.S.Ed., *Editora educativa asociada*
Kristine Magnien, M.S.Ed., *Editora educativa asociada*
Neri Garcia, *Diseñador principal*
Stephanie Reid, *Investigadora de fotografía*
Rachelle Cracchiolo M.S.Ed., *Editora comercial*

Créditos de imágenes

tapa: Thinkstock; págs. 1, 4, 7, 12, 15, 22, 40: iStockphoto; todas las demás imágenes de Shutterstock.

Teacher Created Materials

5301 Oceanus Drive
Huntington Beach, CA 92649-1030
http://www.tcmpub.com
ISBN 978-1-4333-5300-0
© 2013 Teacher Created Materials, Inc.
Printed in China
Nordica.052018.CA21800433

Índice

Querida familia 2

Hábitos y rutinas en la casa 4

Las 10 cosas más importantes que su hijo de jardín de niños debe saber 12

Actividades de artes del lenguaje . .14

Actividades de matemáticas 24

Actividades de ciencias 30

Actividades de estudios sociales . . .32

Aprendizaje después de la escuela 34

Diversión en familia 38

¡Gracias! .40

Querida familia:

¡Qué gran hito: su hijo está en jardín de niños! Es posible que haya leído el libro titulado *All I Really Need to Know I Learned in Kindergarten*, por Robert Fulghum. Aunque aprender es algo más que saber compartir, jugar limpio y asear, hay mucha verdad en la idea de que este año se prepara la base para el aprendizaje formal. Además, los hábitos de trabajo y aprendizaje que usted ayude a su hijo a establecer este año le darán ventaja durante los próximos doce años o más.

Si su hijo fue a una guardería infantil o al preescolar, está habituado a un ámbito de aprendizaje formal. Si no, es posible que necesite un período de adaptación. Usted querrá mantenerse en contacto estrecho con el maestro, para que el año transcurra sin sobresaltos. Usted ha sido el maestro más importante de su hijo durante aproximadamente cinco años, y eso no cambiará. Esta guía del padre le dará una variedad de ideas probadas por los padres para tener un año exitoso, empezando por organizarse en casa para que su hijo se prepare para el "trabajo" de aprender.

Una última idea...

En su libro, Robert Fulghum incluye una lección sobre cómo vivir una vida equilibrada. ¡Es un buen consejo para los padres también!

Un comienzo
a lo grande

Es posible que tener un hijo que va a la escuela le permita un poco de tiempo libre, pero esas horas pasan volando. Por suerte, su hijo de jardín de niños es muy capaz de ayudar a que cada día comience y termine sin sobresaltos.

Intente estas ideas para ayudar a su hijo a organizarse y enfocarse en sus tareas.

Cajas de entrada y salida

Establezca una rutina para revisar los papeles que su hijo traiga a casa. Destine un lugar específico para poner las notas del maestro, las cartas de la escuela y las autorizaciones. Los formularios o las cartas que deban volver al maestro se colocan en la bandeja de salida.

Tabla de quehaceres

Coloque una tabla de quehaceres en un lugar visible y fije una hora de finalización para que su hijo se enfoque en sus tareas.

Rutina de tareas

Su hijo deberá hacer tareas para las que quizá necesite su ayuda. Recuerde dejar que su hijo asuma la responsabilidad de su tarea, pero esté presente para guiarlo.

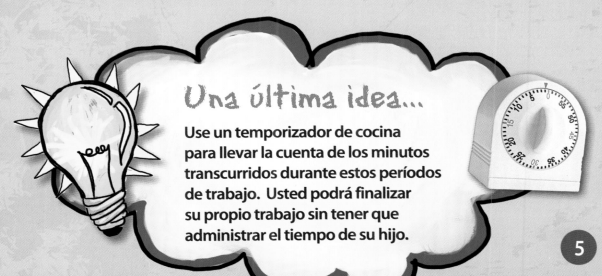

Una última idea...

Use un temporizador de cocina para llevar la cuenta de los minutos transcurridos durante estos períodos de trabajo. Usted podrá finalizar su propio trabajo sin tener que administrar el tiempo de su hijo.

Escuchar
para aprender

Poder concentrarse y escuchar con atención tendrán cada vez más importancia ahora que su hijo asiste al jardín de niños. ¡La capacidad para escuchar con atención también hará su vida más fácil!

Practique escuchar con atención con estas divertidas actividades.

Instrucciones

Dé una serie de instrucciones sin detenerse, como por ejemplo aplaudir tres veces, darse la vuelta dos veces y tocar los dedos de los pies una vez. Agregue actividades hasta que su hijo pueda hacer cinco o seis consecutivas.

Hora de rimas

Invente una historia en rima. Ofrezca la primera oración, y su hijo podrá continuar la historia comenzando una nueva rima.

Juego de memoria

Un juego rápido de memoria: diga cinco cosas de sí mismo una tras de otra y pida a su hijo que repita las cinco cosas. Después cambien de turno y sigan agregando elementos.

Pares de rimas

Prepare un conjunto de cartas con 15 o más pares de rimas. Escriba una palabra en cada tarjeta. Reparta cuatro cartas a cada uno. El jugador 1 pregunta: "¿Tienes una tarjeta que rime con *casa*?" Si es así, el jugador 2 deja la carta y el jugador 1 junta el par. De lo contrario, el jugador 1 toma una carta del mazo hasta que forme un par. El juego termina cuando alguno de los jugadores se queda sin cartas. Se cuentan los pares del ganador.

bat
cat **hat**

Una última idea...

El juego de memoria es fantástico para jugar en el auto también.

¡Hora de hablar!

Su hijo ha aprendido miles de palabras. Ahora es momento de que las conversaciones sigan una forma más estructurada.

Intente algunas de estas ideas para que su hijo hable pensando y escuche más.

Libro de cuentos

Pida a su hijo que mire revistas viejas y corte ilustraciones. Pegue cada ilustración en una tarjeta de 5 x 7: animales, personas, casas y objetos. Divida las cartas en cuatro pilas, boca abajo. Pida a su hijo que invente un cuento con cuatro cartas. Tome su turno y agregue datos al cuento.

Tarjetas con ilustraciones

Coloque las tarjetas con ilustraciones y otras ilustraciones en una caja o bolsa. Pida a su hijo que elija una ilustración al azar y la describa sin nombrarla. Los otros jugadores adivinan cuál es la ilustración. Luego de tres intentos, se agrega otra pista.

Veo, veo

Juegue con su hijo a Veo, veo. El jugador 1 comienza diciendo algo como: "Veo con mi ojito algo... pequeño". El jugador 2 puede decir, por ejemplo: "¿Es amarillo?" El jugador 1 responde debidamente y el juego continúa hasta que se adivina el elemento.

Una última idea...

Estos juegos de hablar (y escuchar) sirven principalmente para divertirse. Pida a su hijo que le cuente qué juegos aprenden en la escuela.

¡Un brindis por el sueño
y la buena salud!

Dormir el tiempo suficiente ayuda a su hijo a permanecer sano y lo ayuda a prepararse para un atareado día de aprendizaje. Los niños pequeños están en su mejor forma a la mañana temprano; eso significa que necesitan irse a la cama temprano. ¡Además de tener un niño feliz, usted tendrá una o dos horas para recuperarse antes de irse a la cama!

En el siguiente cuadro se indica qué cantidad de sueño necesitan los niños.

Edad	Sueño necesario
1–3 años	12–14 horas
3–5 años	11–13 horas
5–12 años	10–11 horas

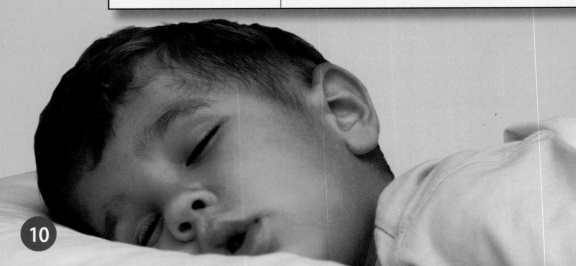

Estos consejos ayudarán a su hijo de jardín de niños a dormir suficiente:

Rutina

Establezca una rutina: la misma hora para irse a la cama, la misma luz y la misma temperatura todas las noches.

Relajación

Que sea un momento relajado, sin televisión ni videos. En cambio, léale un libro en la cama antes de hacerlo dormir.

Simplemente diga no

Evite los refrigerios azucarados antes de acostarse, especialmente la cafeína.

Tiempo en silencio

Lea en voz alta un libro ilustrado tranquilo y favorito.

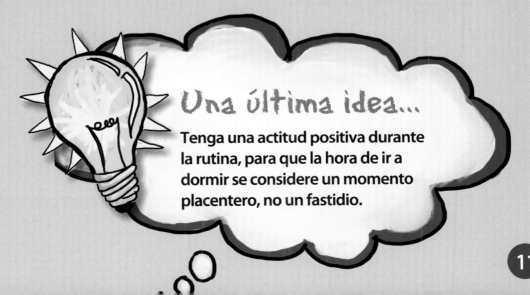

Una última idea...

Tenga una actitud positiva durante la rutina, para que la hora de ir a dormir se considere un momento placentero, no un fastidio.

Las 10

cosas más importantes que su hijo de jardín de niños
debe saber

1. **Los diez colores básicos:** rojo, naranja, amarillo, verde, azul, púrpura, negro, marrón, blanco y rosa

2. **Reconocer y escribir las letras** del abecedario en mayúscula y minúscula

3. **Relacionar las letras y los sonidos** que tienen

4. **Palabras "visuales" (*sight words*) 1–100**

5. Escribir **palabras con consonante-vocal-consonante** (p. ej., paz y gas)

6. **Volver a contar un cuento** que se leyó en voz alta

7. Leer y escribir **oraciones simples**

8. Contar, leer, escribir y comparar **números del 0 al 20**

9. **Clasificar y contar objetos** en categorías

10. **Formas** (p. ej., cuadrado, triángulo, rectángulo, círculo)

Libro
por libro

Construir una biblioteca en casa es una tarea que continuará durante muchos años. No es necesario que todos los libros sean nuevos. Comience con su biblioteca local para familiarizarse con los libros que usted y su hijo disfrutan.

Estas ideas lo ayudarán a encontrar rebajas.

Ventas de libros

Busque ventas en bibliotecas, ventas de objetos usados que incluyan libros, ventas de pasillo y ventas de postemporada. Dé a su hijo de jardín de niños una pequeña cantidad de dinero para que elija y compre.

Libros usados

Regale los libros que su hijo ya sea grande para leer. Si su hijo no quiere desprenderse de ellos, organice una biblioteca de préstamos informal entre vecinos y amigos.

Rincón de libros

Prepare un lugar especial en la casa con buena iluminación, una colección de estantes, cubos o canastas para los libros y algunas almohadas mullidas. Pida a su hijo de jardín de niños que le ayude a planificar el lugar y a mantener los libros organizados.

Una última idea...

A medida que su hijo de jardín de niños crezca, la biblioteca de su casa también crecerá y cambiará. Establecer el amor por la lectura tendrá su compensación durante toda la vida.

Lectura
compartida

Incentive una nueva forma de compartir: haga que su hijo participe más en la lectura.

Implemente algunas de *estas ideas* para hacer que su hijo lea en forma independiente.

Lectura en voz alta

Elija un libro conocido y túrnense leyendo en voz alta una página cada uno. O pida a su hijo que lea las líneas de algún personaje favorito.

Disfraces

Pida a su hijo que elija alguno de sus personajes favoritos, que se disfrace de él y haga una representación del personaje. Por ejemplo, pegue una cola de piel y un pecho blanco (de fieltro o tela) sobre una camiseta marrón, y tendrá a Foxy Loxy, de cualquier versión de "Chicken Little".

Libros informativos

Lea una serie de libros informativos sobre un tema favorito, como por ejemplo insectos o dinosaurios.

Compare y contraste

Compare las narraciones tradicionales de los cuentos de hadas con las versiones que tienen giros humorísticos, como por ejemplo *The True Story of the Three Little Pigs by A. Wolf,* por Jon Scieszka.

Una última idea...

El maestro de jardín de niños o el bibliotecario puede darle listas de lecturas recomendadas. Haga que la lectura en voz alta sea una prioridad.

Excelentes
libros de jardín de niños

Cada año se publican miles de libros para niños. Hay muchas maneras de encontrar libros y formar una biblioteca en casa. Probablemente usted recuerde autores de su niñez que quiere compartir con su hijo. ¡Además, es probable que también su hijo tenga algunos autores favoritos!

● ●

Aquí tiene algunos libros que su hijo de jardín de niños podría disfrutar.

- *Miss Nelson is Missing* por Harry Allard

- *Stellaluna* por Janell Cannon

- *A Fine, Fine School* por Sharon Creech

- *Click Clack Moo: Cows That Type* por Doreen Cronin

- *Are You My Mother?* por P.D. Eastman

- *Frog and Toad Together* por Arnold Lobel

- *Put Me in the Zoo* por Robert Lopshire

- *If You Give a Mouse a Cookie* por Laura Numeroff

- *Green Eggs and Ham* por Dr. Seuss

Estas son algunas ideas para buscar libros.

- Ventas de libros en bibliotecas
- Ventas con rebajas en librerías

- Ventas de objetos usados
- Intercambio de libros con vecinos

Una última idea...

A los niños de jardín de niños les encanta volver a escuchar los mismos libros. Consulte con su bibliotecario para que le recomiende listas de libros, así su hijo podrá escuchar los clásicos infantiles.

Comenzamos
a escribir

Su hijo irá agregando palabras cortas a la escritura de letras y números. No espere perfección, esas manos aún están desarrollando las aptitudes motrices necesarias. A su hijo de jardín de niños quizá le guste escribir pequeñas historias y juntar todas las palabras.

Fomente el desarrollo de esas aptitudes motrices con *estas ideas*.

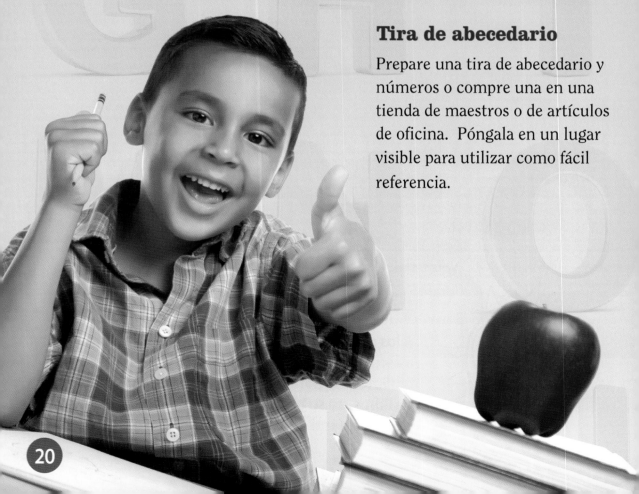

Tira de abecedario

Prepare una tira de abecedario y números o compre una en una tienda de maestros o de artículos de oficina. Póngala en un lugar visible para utilizar como fácil referencia.

Centro de tareas

Tenga un centro de tareas o una canasta con elementos de arte, por ejemplo pinturas para usar con los dedos, cepillos y marcadores. Incentive a su hijo a buscar formas creativas de escribir su nombre, el nombre del perro, etc.

Práctica de escritura

Ayude a fortalecer la relación entre lenguaje y escritura practicando la escritura para que su hijo vea.

Escritura del abecedario

Dé a su hijo un trozo de papel encerado y una cucharada de natilla o un chorrito de crema de afeitar. Incentive a su hijo a usar el dedo para escribir las letras del abecedario.

Letras pintadas

Prepare pintura con unas gotas de colorante de alimentos y $\frac{1}{4}$ taza de leche. Pida a su hijo que pinte la letra del día de la semana sobre pan blanco antes de tostarlo y comerlo.

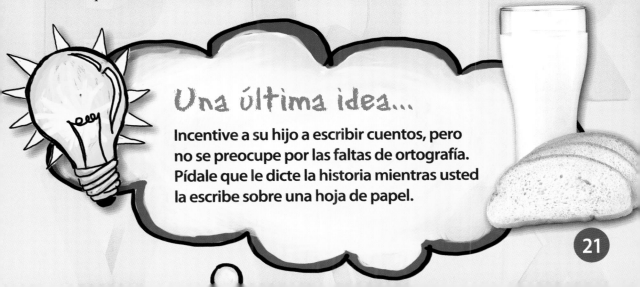

Una última idea...

Incentive a su hijo a escribir cuentos, pero no se preocupe por las faltas de ortografía. Pídale que le dicte la historia mientras usted la escribe sobre una hoja de papel.

Abecedario
y formación de letras

Los niños de jardín de niños están desarrollando su conocimiento de las letras, reconociéndolas y escribiéndolas en mayúscula y minúscula. Si practica las letras del abecedario, su hijo mejorará sus aptitudes de alfabetización.

23

Inteligencia
en matemáticas

¿Su hijo de jardín de niños le pide rectángulos o triángulos cuando usted le corta un emparedado por la mitad? Esa simple tarea incluye tanto formas como fracciones.

• •

Integre las matemáticas en sus mandados y quehaceres con *algunas de estas ideas*.

Señales viales y formas

Cuando viaje en auto o autobús, use las señales viales para enseñar las formas. Lleve la cuenta de cuántos ejemplos encuentra de cada forma. Una vez que su hijo conozca lo básico, pídale que busque formas dentro de otras formas.

Contar hasta 100

Para variar, elija un objeto y cuente hasta que encuentre 100. Trate de contar autos rojos, vacas marrones, banderas, carteles para ceder el paso, iglesias, etc.

Contar hacia atrás

Pida a su hijo que encuentre números en matrículas a partir de 20 y que encuentre los números hacia atrás.

Matemáticas en el mercado

Cuando estén en la tienda de comestibles, pida a su hijo que cuente, categorice, compare pesos, etc. Usamos tanto la tarjeta de crédito que nos olvidamos de que nuestros niños deben aprender a usar dinero. De vez en cuando pague con dinero en efectivo y haga participar a su hijo para encontrar las monedas y los billetes necesarios.

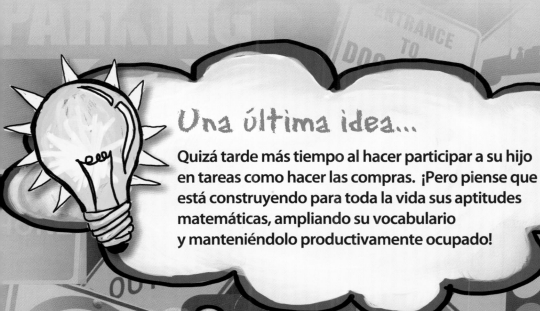

Una última idea...

Quizá tarde más tiempo al hacer participar a su hijo en tareas como hacer las compras. ¡Pero piense que está construyendo para toda la vida sus aptitudes matemáticas, ampliando su vocabulario y manteniéndolo productivamente ocupado!

Matemáticas
en acción

Susan Ohanian dijo en cierta oportunidad: "Los niños deben hacer lo que hacen los matemáticos 'reales': explorar e inventar durante el resto de sus vidas".

Use algunas de *estas ideas* para incentivar a su matemático en ciernes.

Mercado en casa

Cuando esté cocinando la cena, "compre" los ingredientes de su despensa, haciendo que su hijo de jardín de niños le traiga las latas o las cajas que necesita, y se las venda. Tenga un tarro con monedas para hacer transacciones o usar dinero de juguete, que se compra o se hace.

Pesos

Refuerce el concepto de peso; pida a su hijo que encuentre el bloque más pesado.

Libros de matemáticas

The Doorbell Rang, por Pat Hutchins relata lo sucedido cuando dos niños están a punto de compartir un plato de galletas... y empiezan a sumarse más y más personas. Busque más ideas en su biblioteca, como por ejemplo *One Hundred Hungry Ants,* por Elinor J. Pinczes.

Ordenar y clasificar

Revise el cajón de los trastos o los estantes del garaje. Allí tiene una fantástica colección para formar, que su hijo de jardín de niños puede ordenar, clasificar y crear.

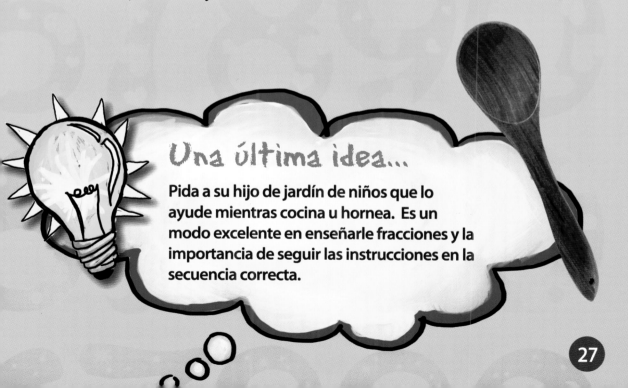

Una última idea...

Pida a su hijo de jardín de niños que lo ayude mientras cocina u hornea. Es un modo excelente en enseñarle fracciones y la importancia de seguir las instrucciones en la secuencia correcta.

Cuadro de
números 1–20

Se espera que los niños de jardín de niños dominen algunos conceptos de matemáticas, usando objetos que pueden contar, clasificar y ordenar. Están aprendiendo que sumar significa contar hacia adelante, y que restar significa contar hacia atrás. Aprender los números ayudará a mejorar las aptitudes matemáticas de su hijo.

¡Practique contar de 1 a 20 todos los días!

1 ★	2 ★★	3 ★★★	4 ★★ ★★	5 ★★★ ★★
6 ★★★ ★★★	7 ★★★ ★★★ ★	8 ★★★ ★★★ ★★	9 ★★★ ★★★ ★★★	10 ★★★ ★★★ ★★★ ★

11	12	13	14	15
☆ ☆ ☆	☆ ☆ ☆	☆ ☆ ☆	☆ ☆ ☆	☆ ☆ ☆
☆ ☆ ☆	☆ ☆ ☆	☆ ☆ ☆	☆ ☆ ☆	☆ ☆ ☆
☆ ☆ ☆	☆ ☆ ☆	☆ ☆ ☆	☆ ☆ ☆	☆ ☆ ☆
☆ ☆	☆ ☆ ☆	☆ ☆ ☆	☆ ☆ ☆	☆ ☆ ☆
		☆	☆ ☆	☆ ☆ ☆

16	17	18	19	20
☆ ☆ ☆	☆ ☆ ☆	☆ ☆ ☆	☆ ☆ ☆	☆ ☆ ☆
☆ ☆ ☆	☆ ☆ ☆	☆ ☆ ☆	☆ ☆ ☆	☆ ☆ ☆
☆ ☆ ☆	☆ ☆ ☆	☆ ☆ ☆	☆ ☆ ☆	☆ ☆ ☆
☆ ☆ ☆	☆ ☆ ☆	☆ ☆ ☆	☆ ☆ ☆	☆ ☆ ☆
☆ ☆ ☆	☆ ☆ ☆	☆ ☆ ☆	☆ ☆ ☆	☆ ☆ ☆
☆	☆ ☆	☆ ☆ ☆	☆ ☆ ☆	☆ ☆ ☆
			☆	☆ ☆

Descubrimientos
sin límite

Su hijo de jardín de niños ha estado investigando su mundo desde que nació. Cada cosa nueva era un descubrimiento que debía ser gustado, tocado, olido y observado.

. . . .

Intente estas actividades para que esos descubrimientos continúen.

Escuchar

Convierta una caminata de rutina en una caminata de sonidos de la naturaleza, y escuchen los animales, los pájaros, el viento, la lluvia, etc.

Observar

Junte un poco de nieve limpia en un tarro de vidrio y deje que se derrita para ver si todavía se ve limpia. Deje que se evapore.

Medir

Plante algunas semillas y siga su crecimiento.

Explorar

Junte una variedad de objetos, como por ejemplo papel liviano y pesado, papel blanco y de color, botellas de vidrio transparente y de color, etc. ¿Qué ocurre cuando se exponen al sol?

Tocar

Toque cosas que sean suaves, pegajosas, ásperas, blandas o duras.

Diario

Registre los descubrimientos en un cuaderno con dibujos o ilustraciones. Use una cámara para documentar los descubrimientos.

Una última idea...

Mantenga viva esa curiosidad por el mundo; esté atento a las oportunidades para detenerse y observar, tocar y conversar.

La comunidad
social

El mundo de su hijo se amplía constantemente, desde sus amigos y familiares hasta la comunidad en general. El jardín de niños es la época ideal para profundizar la comprensión de su hijo sobre los trabajadores de la comunidad y su importancia.

Incentive una comprensión más profunda de las personas y sus roles con estas actividades.

Trabajadores de la comunidad

Tenga una caja de disfraces o un cofre con accesorios, como por ejemplo un sombrero de bombero, una placa de policía, un bolso lleno de correo de propaganda, un delantal, un sombrero de cocinero, etc. Busque en los periódicos si se anuncian visitas abiertas a la estación de bomberos, a una fábrica o al correo.

Edificación

Observar la construcción de un edificio es un modo excelente de dar a conocer a su hijo una variedad de vehículos y trabajadores involucrados: carpinteros, plomeros, electricistas y conductores de camiones.

Cultura y tradición

Su hijo aprenderá sobre las diferentes culturas en la escuela, por eso es el momento perfecto para enseñarle sobre diferentes alimentos. Pídale a un pariente o a un vecino que cocine una comida tradicional. Planifique probar una comida étnica nueva una vez por mes o visitar un restaurante étnico.

Una última idea...

Su hijo está aprendiendo sobre sí mismo mientras se relaciona con otras personas. Dedique tiempo a saber sobre los niños y adultos que forman parte de la vida de su hijo de jardín de niños.

Diversión
después de la escuela

Si asiste a un programa de medio día, a su hijo de jardín de niños sin duda le quedarán energías después de clase. Converse con él qué tipo de clases le resultan atractivas, como por ejemplo de música, arte, deportes o danzas.

Comience con una, y si esa actividad va bien, agregue otra más adelante en el año.

Arte

Averigüe en museos para niños y bibliotecas si se dan clases que exploren el arte. Algunas clases combinan el arte con la ciencia o el estudio de la naturaleza.

Deportes

Es posible que su centro recreativo, centro deportivo, YWCA o YMCA ofrezca una variedad de clases de deportes. Elija un deporte que a su hijo le interese y enfatice el aprendizaje de aptitudes mientras se divierte.

Teatro

Busque oportunidades en los centros de teatro comunitario si su hijo tiene interés en la actuación o la narración de cuentos.

Una última idea...

¿Tiene algún talento o interés especial? Piense en reunir un grupo de niños y realizar una reunión informal todas las semanas para explorar su pasatiempo.

Aprendizaje
sobre la marcha

Probablemente pase una cantidad de tiempo considerable en el auto. Aproveche ese tiempo con su hijo para aprender juntos algo nuevo.

Mantenga a su hijo ocupado—mientras aprende—*con algunas de estas actividades.*

Búsqueda del tesoro

Dé a su hijo una lista de elementos que se utilizan para una búsqueda del tesoro sobre la marcha. Coloque la lista en un sujetapapeles y átele un lápiz para controlar los elementos.

¿Quién soy?

Jueguen al juego de "¿Quién soy?" Piense en un amigo, pariente, juguete favorito, personaje de historietas, etc. Ofrezca una pista, como por ejemplo: "Es verde y peludo". Deje que todos adivinen una vez. Dé otra pista si nadie adivina correctamente. Luego pase el turno.

Juegos de viaje

Arme una mochila que contenga las
actividades favoritas que solo se utilizan en
los viajes: juegos magnéticos, tatetí, pelotas
blandas para apretar, CD favoritos, etc.

Frasco de tesoros

Prepare un frasco de tesoros. Elija un tarro
limpio y llénelo hasta aproximadamente $\frac{3}{4}$
con arroz crudo y 25 objetos pequeños:
botones, clavos, dados, monedas y cuentas.
Lleve una lista de los elementos. Cierre la
tapa con fuerza (o séllela con un poco de
pegamento). Dele el frasco a su hijo para
que lo gire y lo agite hasta encontrar todos
los elementos. Lleve la cuenta: ¿puede
encontrarlos todos?

Una última idea...

Viajar en auto es una oportunidad excelente de
introducir a su hijo a la música clásica, el
telón de fondo perfecto para actividades
silenciosas como jugar con el frasco de tesoros.

¡Jugar todos los días!

Aunque su hijo vaya a la escuela, el juego sigue siendo una parte importante de su vida. Y usted también debería divertirse. Después de todo, es una de las mejores cosas de tener un hijo: ¡usted también juega!

Intente algunas de estas ideas para organizar juegos grupales con miembros de la familia y vecinos.

Mancha cíclope

Todos juegan tapándose un ojo con la mano.

Mancha mofeta

Los jugadores están "seguros" si se paran dentro de uno de cuatro aros de hula hula, designados como zonas de seguridad. Solo se permite una persona por vez dentro del aro y durante no más de 20 segundos.

Luz roja, luz verde

Un niño se para a un lado del patio, mientras el resto de los miembros de la familia y vecinos lo enfrentan desde el otro lado. El niño que está solo es el "semáforo". Cuando dice: "Luz verde", todo el mundo puede dar pasos hacia él, y cuando dice: "Luz roja", todo el mundo debe detenerse. La primera persona en llegar al "semáforo" gana, y pasa a ser el "semáforo" de la siguiente ronda.

Una última idea...

Dedique tiempo a disfrutar las salidas con su familia, aunque sea una visita rápida al parque local.

Querido padre:

Gracias por dedicar tiempo para leer este libro. Esperamos que haya encontrado algunas ideas nuevas o que le hayamos recordado que lo que hace como padre es muy importante en el aprendizaje de su hijo. Permanezca en contacto con el maestro de su hijo y con otros adultos que forman parte de la vida de su hijo. Todos queremos asegurarnos de que su hijo tenga un año excelente en el jardín de niños.

¡Antes de que se dé cuenta, el año habrá terminado y su hijo ya estará en primer grado! Disfrute del viaje; ser padre es el trabajo más importante del mundo.

¡Gracias!